「かど」と「すみ」の違いを言えますか？

日本人なのに意外と知らない日本語早わかり帳

日本語研究会［編］

青春出版社

はじめに

・「隣」と「横」はどう違う？
・「富士山に〝のぼる〟」と言っても、「富士山に〝あがる〟」と言わないのはなぜ？
・「こんどの電車」と「つぎの電車」はどちらが先にくる？
・「1週間ごとに会う」と「1週間おきに会う」ではどちらがよく会う？
・和ダンスの引き戸の手を入れるところを何て言う？
・「うらさびしい」の「うら」って何のこと？

……こんな質問に、あなたはいくつ答えられますか？

「日本人なのに意外と日本語のことを知らない」――そんな率直な感想から生まれたのが本書です。

ある日のこと、日本語教師をした経験がある会員の一人が、居酒屋で日本酒の入っていた枡《ます》を指さしながらつぶやいたのです。

「こっち（外）から見れば〝かど〟で、こっち（内）から見れば〝すみ〟なんだよ」

へえ〜、そういうことか、とまわりにいた一同は膝《ひざ》を打ち、ここでイラストで説明するというアイデアが出てきたわけです。

もちろん、この本に書かれた答えが絶対だとは限りません。たとえば、「蒸《む》す」と「蒸《ふ》かす」では、関東と関西で使い分けが微妙に違っています。さらには、個人個人の体験や生活によって、それぞれのことばに込められた意味や思いが異なってくるのは当然です。ことばには、決まった答えがないのです。

でも、決まった答えのないことこそが、ことばの楽しさでもあります。

この本が、〝日本語のおもしろさ・楽しさ〟を再認識するきっかけになれば幸いです。

日本語研究会

目次

第一章 使い分けを意外と知らない日本語

第二章
日本人なのに呼び名を知らない日本語

第三章 語源を知って納得！ 言い回しが気になる日本語

第四章

日本人は無意識に使っている!? 外国人が間違えやすい日本語

そーなんだコラム

カバー・本文イラスト　坂木浩子
本文デザイン・DTP　リクリデザインワークス
編集協力　二村高史

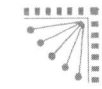

第一章

使い分けを意外と知らない日本語

「かど」と「すみ」はどう違う?

どちらも英語ではコーナー（Corner）だが、「重箱のかどをつつく」のは変、「豆腐のすみに頭をぶつける」のはかなり難しい。

【かど（角）】

【すみ（隅）】

▶角張っているもの（ところ）を、内側から見ると「すみ」、外側から見ると「かど」。

「あがる」と「のぼる」はどう違う？

「富士山にのぼる」とは言っても、「富士山にあがる」は違和感がある。反対に、「教壇にあがる」とは言っても、「教壇にのぼる」とはあまり言わない。

【あがる（上がる）】

【のぼる（登る、上る、昇る）】

▶「あがる」は、それほど苦労をしないで上に達する。「のぼる」は、時間や体力を使って、苦労をして上に達する。「富士山にあがる」というと、イメージするとしたら、ヘリコプターやエレベーターで頂上に達する感じ？

「くだる」「おりる」「さがる」はどう違う？

上に向かうのは「あがる」と「のぼる」。下に向かうのはその反対に対応しているかと思ったら、「くだる」「おりる」「さがる」の3つもあるから、ややこしい。

【くだる（下る）】

【おりる（下りる、降りる）】

▶「くだる」は「のぼる」の反対。「山をくだる」「長い階段をくだる」のように、時間や手間がかかる場合に使う。
「あがる」の反対が「おりる」と「さがる」。「おりる」に比べて、「さがる」はせいぜい二、三歩程度のときに使うことが多い。「階段を一階までさがる」とは言わないが、「階段を一段さがる」ならＯＫ。

「となり」と「よこ」はどう違う？

「私の隣に田中さんがいる」と「私の横に田中さんがいる」は同じ。でも、「東京駅の隣は有楽町駅だ」は言えるが、「東京駅の横は有楽町駅だ」とは言えない。なぜ？

【となり（隣）】

【よこ（横）】

▶「横」と言うときは、物理的に接している場合のように、すぐそばにある場合に使える。それに対して、「隣」と言うときは、同じくくり（種類）のもので一番近いものを指す。だから、同じ駅でも「新幹線の駅」というくくりならば、「東京駅の隣は品川駅だ」と言える。

「細かい」と「小さい」はどう違う?

「細かい字が見えない」と「小さい字が見えない」は同じ意味のようだけど……。「細かい虫」だとどう?

【細かい】

【小さい】

▶「小さい」もの（字や虫）が“たくさん”あると「細かい」と言う。
「小さい虫が１匹いる」とは言っても、
「細かい虫が１匹いる」とは言わない。

「〜だけ」と「〜ばかり」はどう違う？

海に向かって叫んでみても、返ってくるのは……「波の音だけ」でも「波の音ばかり」でも同じ。でも、「うちの子は甘いものばかり食べている」なら大丈夫だけど、「甘いものだけ食べている」というのはちょっと危険！

【〜だけ】

【〜ばかり】

▶「〜だけ」はそれ以外にないことを示すが、「〜ばかり」はそれ以外にもありうる。つまり、「〜だけ」のほうが限定の意味が強い。

「急に」と「突然」はどう違う?

英語ならば、どちらもSuddenly。

「うちの甥《おい》は、急に体が大きくなった」と言うと育ち盛りだなと思うけれど、「うちの甥は、突然体が大きくなった」と言われると、びっくりしませんか。

【急に】

【突然】

▶「急に」も「突然」も、大きく変わることを示している点は同じだが、「急に」が連続的に変わるのに対して、「突然」はある時点で一気に変わることを示している。

「とうとう」と「やっと」はどう違う？

英語では、どちらもFinally。
「とうとう頂上にたどりついた」でも、「やっと頂上にたどりついた」でも同じだけど…。

【とうとう】

【やっと】

▶どちらも、長い時間たった結果どうなったかを表すが、「やっと」には期待や安堵の気持ちが含まれている。「長らく闘病を続けてきた姑《しゅうとめ》が、昨夜とうとう息を引き取りました」なら問題ないけれど、「昨夜やっと息を引き取りました」なんて口走ったら大問題！

「ふた」と「せん」はどう違う？

「ボトルにふたをする」とも「ボトルにせんをする」とも言うが…。風呂の場合、ふたとせんの両方がある。それぞれ用途が違う。

【ふた（蓋）】

上から
かぶせるのが
「ふた」
パタパタ

【せん（栓）】

▶外側に開いている口をふさぐのが「ふた」。水や空気がもれないように押し込むのが「せん」。
「ふた」は上からかぶせるものが多いが、横に開くものもある。「ふた」のうちで、気体や液体がもれないように閉じるものが「せん」と考えるといい。

「邦人」と「日本人」はどう違う？

外国で事故や事件が起きると、よくニュースに登場することばが「邦人」。「日本人」と「邦人」とは同じように見えるけれど…

【邦人】

【日本人】

▶「外国にいる日本人」であることを強調するときに「邦人」ということばを使う。

「総理」と「首相」はどう違う?

新聞やニュースによって「総理」を使ったり「首相」を使ったりするのはなぜ? じつは、記者にとっては字数を節約するのに便利な用語でもあるのだ。

【総理】

【首相】

▶「首相」は日本だけじゃなくて、イギリスにも中国にも韓国にもロシアにもいる。でも、「総理」といえば日本の首相のこと。だから、いちいち姓を書かなくても「総理」だけで、日本の首相のことだとわかるので便利なことばなのだ。

「甘さ」と「甘み」はどう違う？

どちらも「甘い」という形容詞が名詞になったもの。ただ、ブラックコーヒーでは「甘み」があることもあるが、「甘さ」があるとは言わない。西瓜《すいか》に塩をかけると、「甘さ」が増すことはないが、「甘み」は増す。

【甘さ】

【甘み】

▶「甘さ」というと、砂糖の味のような“本当に”甘いことを指すのが一般的。だが、塩味や苦い食べ物でも、素材の味や料理の工夫などによって、味の中にまろやかさが出てきて、「甘み」を感じることがある。

「重い」と「重たい」はどう違う？

バッグなら「重い」も「重たい」もほぼ同じ意味。
しかし「その発言は内容は非常に重い」とは言うけれど、「その発言の内容は非常に重たい」はちょっと変。

【重い】

【重たい】

▶「重い」は実際に重量がある場合でも、比喩的な意味（心にずしんとくる）でも使われる。それに対して、「重たい」を使うのは実際に重量がある場合がほとんど。また、「重たい」のほうが口語的で、文章ではあまり使わない。

「ふれる」と「さわる」はどう違う？

どちらも英語だとタッチ（Ｔｏｕｃｈ）。漢字も同じ「触」を使う。でも、満員電車で「女性の体にふれる」のは大丈夫だが、「女性の体をさわる」のは大問題。

【ふれる（触れる）】

【さわる（触る）】

▶「ふれる」と「さわる」の違いは、意識しているかどうかにある。「ふれる」は、意識している場合もしていない場合も使える。それに対して、「さわる」は意識して接触している。
（類語に「なでる」があるが、これは手や道具などを動かしながら、表面を軽く「さわる」こと）

「いつも」と「つねに」はどう違う？

どちらも、その状態がずっと続いている様子を表すことば。

でも、「あの子はいつも笑っている」と言うのは自然だが、「あの子はつねに笑っている」と言うと、ちょっと心配になってくる。

【いつも】

【つねに】

▶「いつも」は断続的でもいい。だから、「いつも笑っている」は、「私が見ているときは」「みんなの前では」という限定のことばを補って考えるといい。それに対して「つねに」は、年がら年中ずっと、という意味。だから、「つねに笑っている」は、誰もいなくても一日中ずっと笑っているという意味になる。

「～ので」と「～から」はどう使い分ける？

どちらも理由を示すことば。でも、客先への電話で「事故で道がこんでいるので10分ほど遅れます」はいいけれど、「事故で道がこんでいるから、10分ほど遅れます」というのはちょっと失礼な印象があるのはなぜ？

【～ので】

business
道がこんでいる
「ので」遅れます

【～から】

▶「～ので」のほうがやや公式的で、「～から」は本人の主張を主観的に述べているときに用いられやすい。だから、文章やビジネスでの会話には「～ので」を使うことが多く、親しい人との会話には「～から」を使うことが多い。

「怒る」と「叱る」はどう違う？

子どもに対してなら、「怒る」も「叱る」も使える。でも、政治家や芸能人の発言に対して「怒る」とは言うけれど、「叱る」というと不自然なワケは？

【怒る】

【叱る】

▶「怒る」はその人の感情を表す。だから、世間の風潮に対して怒るように、一人でも怒ることができる。「叱る」には相手が必要。「子どもを叱る」「部下を叱る」というように、目下の者をいい方向に導こうという気持ちが含まれる。感情的に怒ってはいないけれど、本人のためにあえて叱ることもある。

「あちら」と「そちら」はどっちが遠い？

普通に考えれば、「そちら」より「あちら」のほうが遠い。でも、東京からロンドンの知人に電話で、「そちらの天気はどうですか？　北京の友人に聞いたら、あちらは寒い日が続いているようですよ」。ロンドンより北京のほうが東京から遠い？

【あちら】

【そちら】

▶小学校で習った「こそあどことば」。「こ」は近くで、「そ」は中くらい、「あ」は遠いものを指すと習った人も多いのでは？しかし、「そちら」は、自分から遠く相手に近い場所、「あちら」は、どちらからも遠い場所を指す。

「増える」と「増す」はどう違う?

どちらも「増」という漢字を使うので、意味はほぼ同じ。だが、「スピードが増す」は言っても「スピードが増える」は間違い。「都会でネズミが増える」はいいが、「都会でネズミが増す」はあまり言わない。

【増える】

数えられるものは「増える」

【増す】

スピードなど
程度は「増す」

▶「増える」は数えられるものに使うことが多い。だから、「貯金が増える」「顧客が増える」はＯＫ。「増す」は程度を表す場合に使うことが多く、「人気が増す」「勢いが増す」などに使う。量を表す場合には、「仕事量が増える」「仕事量が増す」のように、どちらでも使える。

「くれる」と「あげる」はどう違う？

孫にお年玉を「くれる」と「あげる」はほぼ同じ。そこである外国人が、「山田さんが私に自転車をあげました」と言ったけれども、これは不自然なのはなぜ？

【くれる】

【あげる】

▶もともと「くれる」は目上から目下に、「あげる」は目下から目上に物を渡す場合に使う。そこから判断して、「くれる」は他人から自分（身内）に対して、「あげる」は自分（身内）から他人に物を渡す場合や、自分とは関係ない場合に使うと考えるといい。

「自然に」と「ひとりでに」はどう違う?

「ドアが自然に開いた」と「ドアがひとりでに開いた」は、ほぼ同じ。では、「ミイラが自然に動いた」と「ミイラがひとりでに動いた」ではどうか?

【自然に】

【ひとりでに】

誰もさわっていない
のに「ひとりで」に動いた

▶「ミイラが自然に動いた」というと、人間の手こそ加わっていないものの、振動や大風によって動いたようにも読みとれる。しかし、「ミイラがひとりでに動いた」というとミステリーか超常現象。人間の手も自然現象の影響もなく、そのものが持つ能力によって動いたように読みとれる。

「むす」と「ふかす」はどう違う？

どちらも漢字は同じ「蒸」を使う。「さつま芋をふかす」というとほくほくとしておいしそうだが、「さつま芋をむす」というとなんか固そう。逆に、「シュウマイをむす」のはいいけれど、「シュウマイをふかす」というと、ものすごく柔らかくなるように感じる。

【ふかす（蒸かす）】

【むす（蒸す）】

▶どちらも蒸気（湯気）で温めるのは同じ。ただし、「ふかす」は、主に蒸気とその圧力によって材料を柔らかくする調理法。「むす」は、主に蒸気とその“熱”によって調理する方法。だから、「蒸し風呂」が「蒸かし風呂」になったら、なかに入っている人間がふにゃふにゃになりそうに聞こえる。

「ゆでる」と「煮る」はどう違う？

「おでんを煮る」とおいしそうだけど、「おでんをゆでる」のは味気ない感じ。そして、「卵をゆでる」と「卵を煮る」は、どちらも言うけれども、できる料理が違う。

【煮る】

おでん
シチュー
鍋物は
「煮る」
グツ
グツ

【ゆでる（茹でる）】

▶どちらも食べ物を湯に入れるというところまでは同じ。大きな違いの一つは、「煮る」は水分が料理の一部になるのが普通だが、「ゆでる」は水を捨てることにある。おでん、シチュー、鍋物は「煮る」。野菜、乾物は「ゆでる」。また、「ゆで卵」と「煮卵」の違いのように、「煮る」は味付けをすることで材料に味がしみ込んで、味や色がついてくる。

「塩ひとつまみ」と「塩少々」はどちらが多い？

料理番組を見ていたら、「塩ひとつまみ」と「塩少々」と出てきたが、どちらが塩気が多くなるのだろう。

【塩ひとつまみ】

【塩少々】

▶「塩ひとつまみ」は、親指、人差し指、中指の３本の指先でつまんだ分量。
「塩少々」は、親指と人差し指の２本の指先でつまんだ分量。「塩ひとつまみ」よりも３割から５割ほど少なくなる。

「～ごと」と「～おき」はどう違う？

「1週間ごとに両親に会いに行く」と「1週間おきに両親に会いに行く」は頻度が2倍も違ってくる。子どもや外国人に教えるときに、どう教えたら一番わかりやすいか？

【～ごと】

一週間ごとに会う
=
毎週 every week

【〜おき】

一週間おきに会う
=
隔週 every other week

▶「ごと」という場合、その期間をひとまとまりに考えるといい。「1週間ごとに会う」というと、「1週間」のなかで1回ずつ会うという意味。
「おき」とは、その期間を「置く（←置き）」ということ。だから、「1週間おきに会う」というと、1回会ったら次の1週間をあいだに置いて、次回は2週間目に会う意味になる。

「1日おき」と「24時間おき」は同じ意味？

1日＝24時間。だったら、「1日おきに風呂に入る」と「24時間おきに風呂に入る」は同じになるはずだが……。

【1日おきに風呂に入る】

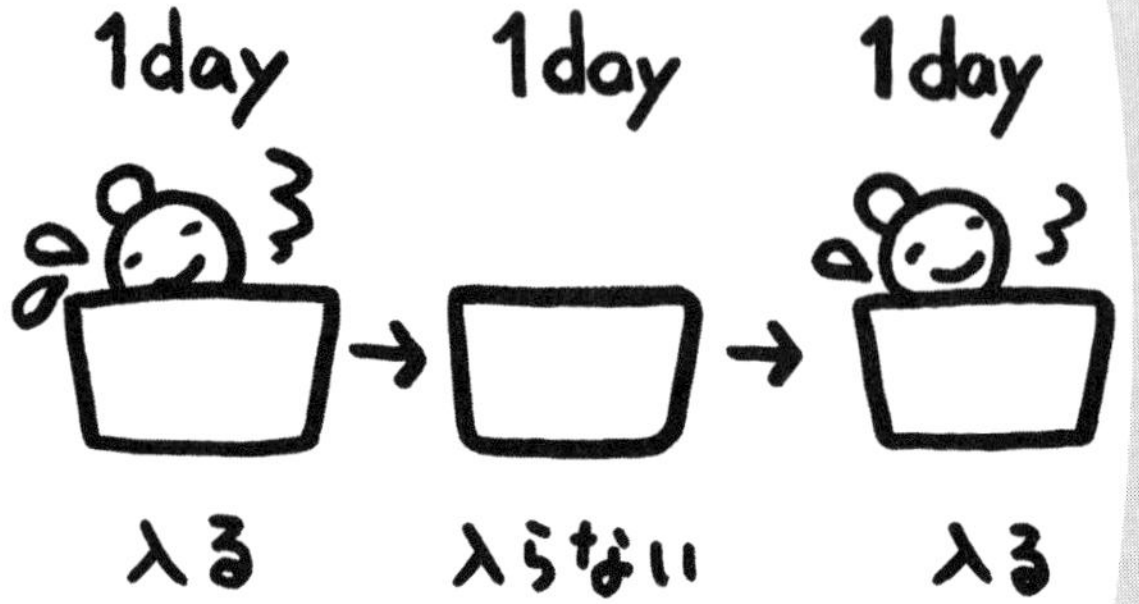

【24 時間おきに風呂に入る】

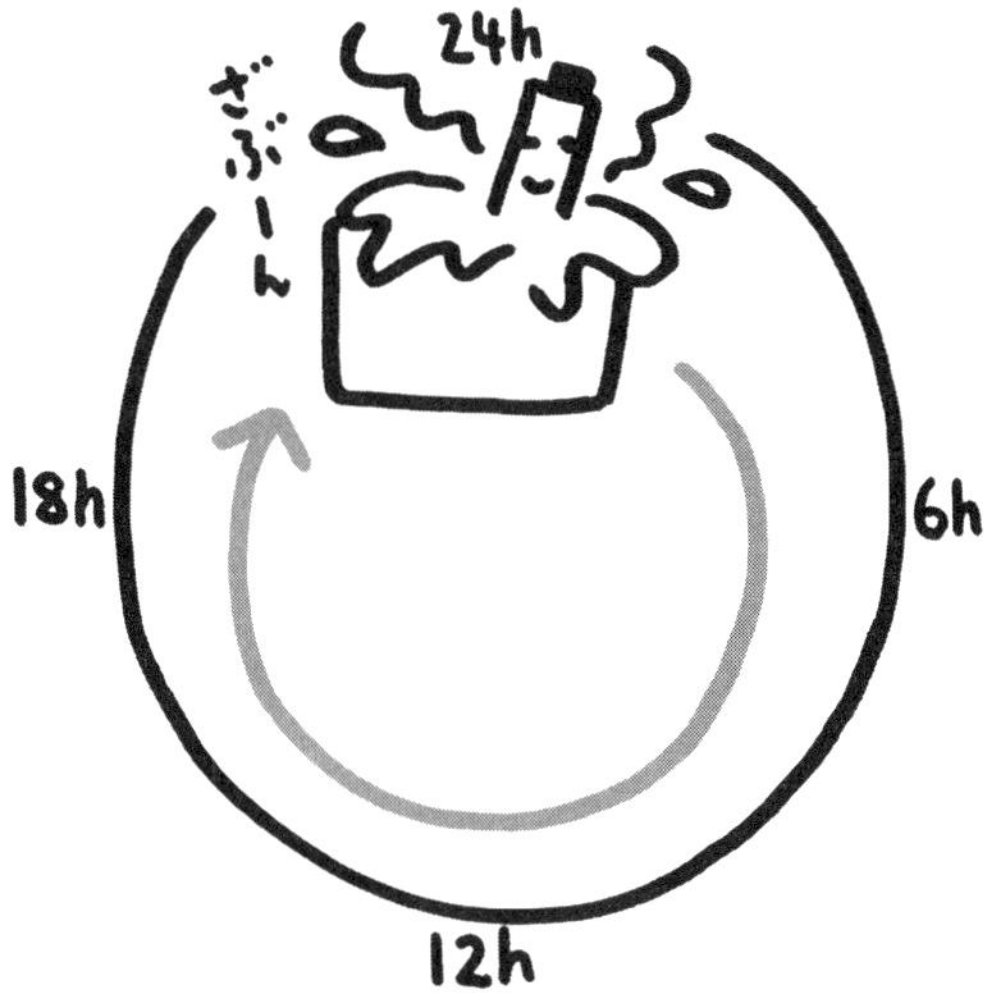

▶「1日おきに風呂に入る」は、入る日と入らない日が交互にくる。「24 時間おきに風呂に入る」は「毎日入る」という意味になるのは、時間のとらえ方が違っているから。「1日おき」は日単位で考えているため、「あいだに1日置く」という意味になる。
「24 時間おき」は時間単位に考えているため、「あいだに 24 時間置く」つまり「24 時間たったら風呂に入る」、つまり毎日という意味になるわけだ。

「不況」と「不景気」はどう違う？

「うちの会社は不景気なのか〝節約〟ばかり言われる」とか、「不景気な顔をするなよ」とは言うが、これを「不況」に置き換えるとおかしい。

どう使い分ければいいのか？

【不況】

【不景気】

▶「不況」は社会的な現象を指している。だから、日本全体の話や、少なくともある地域全体の話のときに使う。それに対して、「不景気」は、そうした社会的な現象にも使えるし、個々の会社や個人の状態にも使えるのが大きな違い。「不景気な～（店、会社、顔）」という言い方はできるが、「不況な～」とは言えない。

「用意」と「準備」はどう違う？

「出かける用意」と「出かける準備」は同じような意味だけど、「用意、ドン！」は言っても、「準備、ドン！」になったらかなり変。どこが違うのか？

【準備】

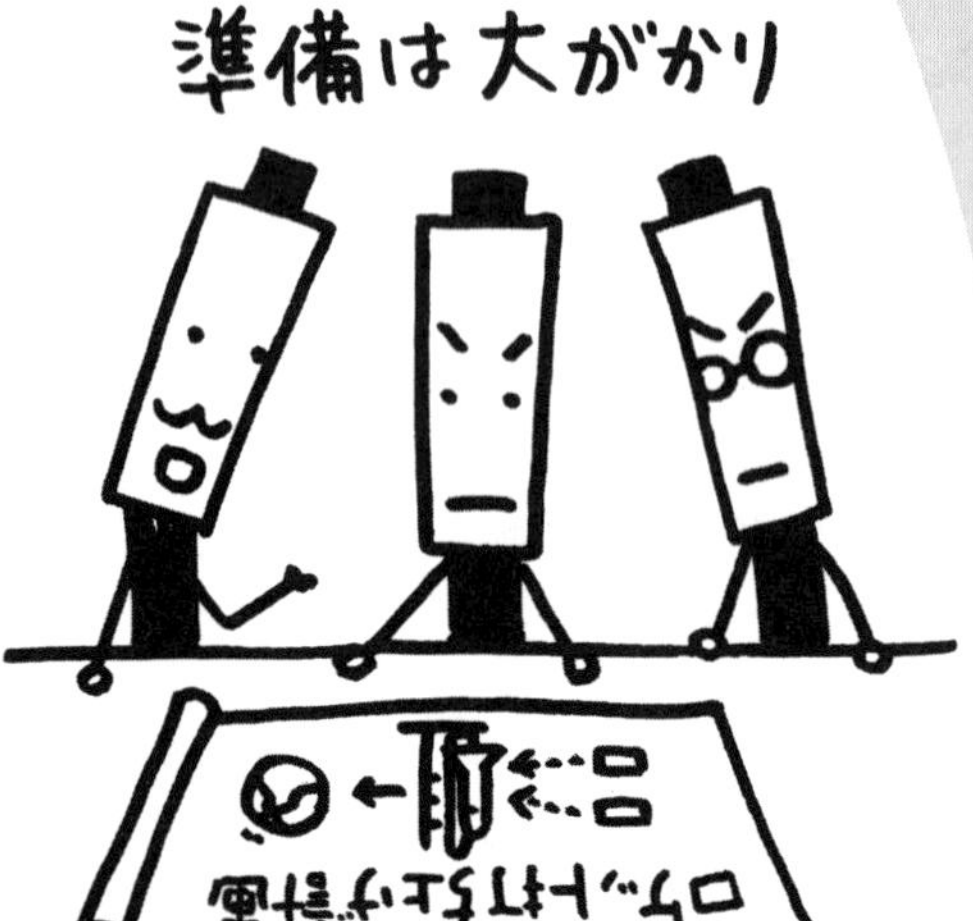

【用意】

▶一般的に、「準備」のほうが「用意」よりも大がかり。ロケット打ち上げの「準備」のように、手間だけでなく時間も必要。イギリス留学の「準備」なら語学の勉強やビザ取得など何か月も必要な感じがするが、イギリス留学の「用意」となると、日用品を買ったり荷物をバッグに収めたりするような印象を受ける。

「気分」と「機嫌」はどう違う？

2つとも似たような意味だけど、なんか違う。「私は気分が悪い」は言うけれど、「山田さんは気分が悪い」はおかしい。この違いを、どう説明すればいい？

【気分】

【機嫌】

表情や態度など
外面にあらわれる
のは「機嫌」

▶「気分」が本人にしかわからない心持ちを表現しているのに対して、「機嫌」は表情や態度など、外からうかがいしれるその人の心持ちのことを指すことが多い。
だから「山田さんは気分が悪い」は「山田さんは気分が悪そうだ」ならばＯＫ。「私は機嫌が悪い」というのは「今の私は、気分の悪さが態度に出るから気をつけて！」という意味で使われる。

「置く」と「乗せる」はどう違う?

「本を棚の上に置く」と「本を棚の上に乗せる」は同じ動作。でも、「本を床に置く」とは言っても、「本を床に乗せる」のは変。

【置く】

【乗せる（載せる）】

▶物を違う場所に動かすという点では同じ。ただし、「置く」はその場所がどこであっても使えるのに対して、「乗せる」は高さのある場所に動かす場合に使う。高さがなくても、別の物の上に動かす場合ならいい。床の上にお盆が置いてあれば、「皿をお盆の上に乗せる」と言える。

「〜ば」と「〜たら」はどう違う？

どちらも仮定の意味を持つことば（助詞）。でも、「本物かどうか食べればわかるよ」「本物かどうか食べたらわかるよ」はまったく同じ意味？

【〜ば】

食べれ「ば」わかる
ホンモノ？
ニセモノ？
「ば」は食べる前にしか使えないよ

【〜たら】

▶その動作をする（その出来事が起きる）前ならば、どちらも同じように使える。ところが、その動作をした（その出来事が起きた）あとでは、「〜ば」は使えず、「本物かどうか食べればわかった」とは言えない。

「ゆがみ」と「ひずみ」はどう違う？

漢字で書くと、どちらも「歪み」で送り仮名まで同じ。「塀にぶつかってバンパーがゆがんでしまった」と「塀にぶつかってバンパーがひずんでしまった」は、どこか違うところある？

【ゆがみ（歪み）】

外から見えるのは「ゆがみ」

【ひずみ（歪み）】

外から見えにくいのは
「ひずみ」

▶一般的に、外面的な変形に「ゆがみ」、外から見えにくいアンバランスに「ひずみ」を使うことが多い。「ものがゆがんで見える」とは言うが、「ものがひずんで見える」とはあまり言わない。また、「このステレオは音がひずんでいる」とは言うが、「このステレオは音がゆがんでいる」とは言わない。

「こんどの電車」と「つぎの電車」はどっちが先に来る？

ある私鉄駅のホームで、列車の行き先を示す電光表示に、「こんどの電車　○○行き」「つぎの電車　××行き」とあった。いったい、どっちが先に来るの？

【こんど（今度）】

【つぎ（次）】

▶「こんど（今度）」は、現在から一番近いものを示す。「今度の試験は難しかった」（過去）、「今度の台風は大きい」（未来）。それに対して「つぎ（次）」は、ある時点を基準にしてそれに続くものを指す。「つぎは僕の番だ」（現在が基準）、「失敗しても、つぎがある」（失敗した時点が基準）。だから「こんどの電車」と「つぎの電車」が両方書かれていれば、このときの「つぎ」は「こんどの電車」を基準にしているため、「こんどの電車」が先に来る。

「おざなり」と「なおざり」はどう違う？

「いい加減だ」という点では共通している。それでは、「仕事をおざなりにする」と「仕事をなおざりにする」は、どちらのほうがマシなのか？

【おざなり】

【なおざり】

▶結論からいうと、「おざなり」は「適当にやって終わらせる」様子を示し、「なおざり」は「手を加えずに放っておく」様子を示す。
「おざなり」の語源は、江戸時代、宴会のお座敷を表面的にとりつくろう様子に由来しているとされている（「お座」に「様子を表す“なり”」がついた）。

「なおざり」は、一説に古文の「なほ＋あり」が変化したものと考えられている。だから、「まだある」、つまり「そのままにして、放っておく」という意味になる。「なお＋去り」という説もある。

「空き箱」と「から箱」はどう違う？

「お菓子の空き箱」と「お菓子のから箱」は、どちらも中身のお菓子がないという点では同じ。でも、「みかんの空き箱に雑誌を保存してある」は言うけれど、「みかんのから箱に雑誌を保存してある」が不自然に聞こえるワケは……？

【空き箱】

【から箱（空箱）】

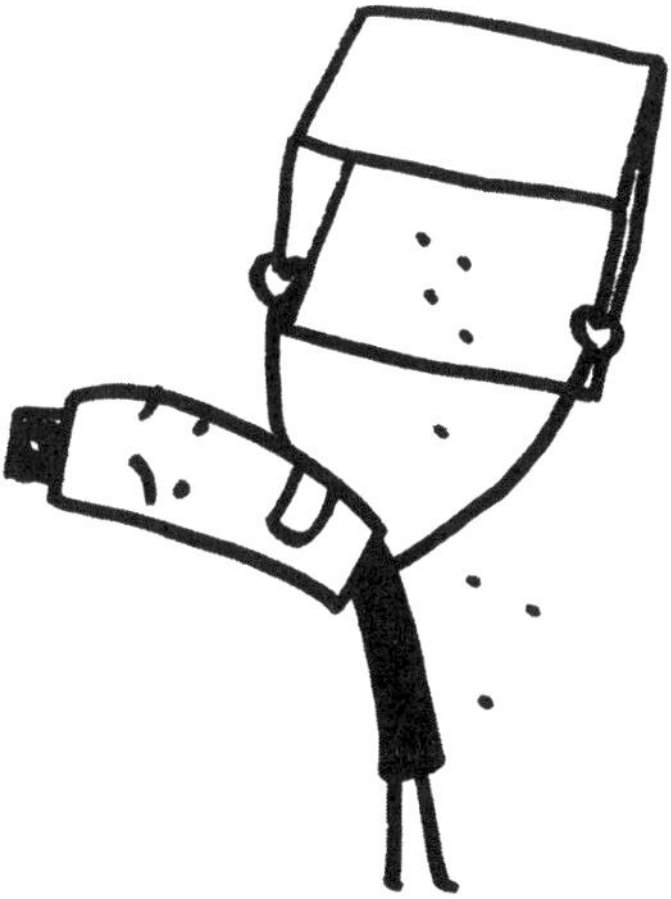

▶「空き箱」は「本来入っていた中身が、今はなくなった箱」のこと。だから、ほかのものを入れても問題なく「空き箱」と言える。それに対して、「から箱」というと、「（どんなものであっても）何も入っていない箱」のこと。だから、何かを入れた時点で「から箱」ではなくなるわけだ。

「つかまえる」と「とらえる」はどう違う？

たとえば、「泥棒を捕まえる」と「泥棒を捕らえる」はどちらも同じ漢字を使うが、どう使い分けている？

【つかまえる（捕まえる）】

待て〜
一生懸命に「つかまえる」

【とらえる（捕らえる）】

▶「捕まえる」は手段をつくして手間をかけて取り押さえたが、「捕らえる」はたまたま（あるいはそれほどの面倒なく）取り押さえたというニュアンスがある。だから、「泥棒を捕らえてみればわが子なり」というのは、「思ってもみなかったことに、自分の子どもだった！」という驚きの気持ちがこもる。

「干す」と「乾かす」はどう違う?

「洗濯物を干す/乾かす」は同じ意味だが、「布団を干す」は言っても「布団を乾かす」とは言わないのはどうして?

【干す】

日光や
風に当てると
「干す」
パンパン

【乾かす】

▶「乾かす」は、濡れているものから水分を完全に取り除く行為。「干す」は光や風に当てる行為を指し、着物やたたみなど、濡れていないものを干してもかまわない。だから、「干して乾かす」は言うけれど、「乾かして干す」とは言わない。

「景色」と「風景」はどう違う？

山々が連なる様子を見て、「いい景色だなあ」とも言うし、「いい風景だなあ」とも言う。でも、「心に残る風景」ということばはしっくりくるのに、「心に残る景色」というと安っぽい印象を受けるのはなぜ？

【景色】

表面に
見えているのが
「景色」

【風景】

▶「色」という漢字には、形あるものという意味もある。だから、「景色」は表面に見えている様子が中心。それに対して「風景」の「風」には「おもむき」の意味がある。だから、表面的な様子に加えて、見ている人の感情や心が含まれる。したがって、見た目はよくなくても、「いい風景だ」と感じることもよくあるのだ。

「とたん」と「瞬間」はどう違う？

「会ったとたんに恋に落ちた」や「会った瞬間に恋に落ちた」というように、「とたん」も「瞬間」もごく短い時間を指すけれど、どこが違う？

【とたん（途端）】

【瞬間】

▶「とたん」よりも「瞬間」のほうが、一般的に時間が短い。「日が沈んだとたんに寒くなった」とは言うが、「日が沈んだ瞬間に寒くなった」と言うと不自然に感じる。「瞬間」はほとんど時間がゼロに近いときに使うことが多い。

時間や人数が「切る」のと「割る」ではどう違う?

たとえば、「残り時間が1分を切る」とも言うし、「残り時間が1分を割る」とも言う。時間や人数など、「切る」のと「割る」ではどう違う?

【切る】

09:99
とうとう
10秒切った!

【割る】

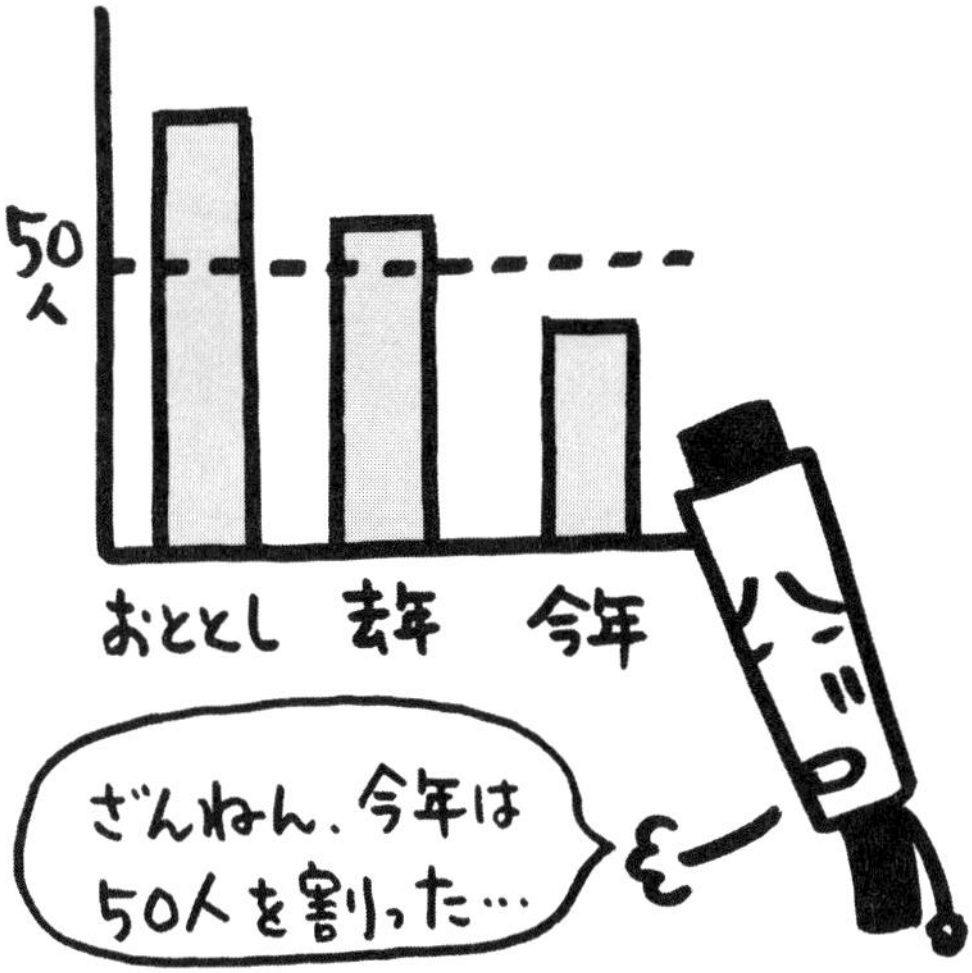

▶「切る」はだんだん数や量が少なくなってきて、とうとうある一線を越えたときに使う。「割る」は、それに加えて「残念ながら」「困ったことに」という気持ちが加わるのが一般的。だから、「１００メートル10秒を割る」とは言わない。

「いろいろ」と「さまざま」はどう違う?

「いろいろな考え方がある」と言っても「さまざまな考え方がある」と言っても、意味していることは変わらないように思える。でも、どこか違う?

【いろいろ】

【さまざま】

▶「いろいろ」は「色々」と書くように、種類が多いことを表す。「さまざま」は「様々」と書くように、様子の違いに重点が置かれている。「いろいろな服」より「さまざまな服」のほうがバリエーションが広く、ばらつきが大きいといえる。

「ほとんどの〜」「大半の〜」「かなりの〜」「多くの〜」のうちどれが多い？

「A選挙区では、ほとんどの人が投票に行った」「B選挙区では、大半の人が投票に行った」「C選挙区では、かなりの人が投票に行った」「D選挙区では、多くの人が投票に行った」というと、どんな順で多かった？

【ほとんどの〜、大半の〜】

【かなりの〜】

かなりの〜

▶「ほとんどの」というと９割、「大半は」７〜８割くらい（ちなみに、中国語では「一半」が半分のことで、それより多い６〜８割を「大半」、さらに多いのを「一大半」という）。「かなり」というと、予想よりも多かったという気持ちが含まれる。だから、予想をどこに置くかで割合が違ってくる。「多くの」は文字通り「多い」のだが、これは発言した人の気持ちしだいなので、広く使うことができる。

「にげる」と「のがれる」はどう違う？

「追手から逃げる」と「追手から逃れる」は、どちらも「逃」という漢字を使っているが、どこが違うか説明できますか？

【にげる（逃げる）】

【のがれる（逃れる）】

▶「逃げる」というのは、自分にとって好ましくない人やことがらに捕まらないよう、“進んで”遠ざかること。「逃れる」は、「逃げる」の意味以外に、積極的に動かなくても自然と相手が遠ざかってくれた場合にも使える。「面倒な仕事から逃げる」と「面倒な仕事から逃れる」では、後者はラッキーな経緯があって仕事をしなくて済んだという場合にも使える。

「平和」と「和平」はどう違う？

熟語の順序を入れ替えると意味がまったく違ってくるものもある。「平和」と「和平」は似ているようだけど、どこか違う。

【平和】

【和平】

▶「平和」は“争いのない状態”を示すことば。だから、「平和条約」はそうした状態を保つための条約のこと。それに対して「和平」は、争っていた当事者（主に国家）が、“争いのない状態に移行する”ことを表すのが一般的。したがって、「和平交渉」は交戦国が戦争をやめるための交渉を指す。

「日当たり」と「日だまり」はどう違う？

ぽかぽかと暖かい場所を連想する二つのことば。違いを言えますか？

【日当たり】

【日だまり（日溜まり）】

▶「日当たり」は、太陽の光がどのくらい射しているのか、その程度や具合を言うことば。だから、「日当たりがいい／悪い」のどちらも言う。日当たりがいい“場所”のことを「日だまり」と呼ぶ。文字通り「日が溜まっている」という意味で、「公園の日だまり」というように、具体的な場所を示している。

「学ぶ」と「習う」はどう違う？

「学校で書道を学ぶ」「学校で書道を習う」は、どちらも使う。でも、「昔話で人生を学ぶ」とは言うけれど、「昔話で人生を習う」は違和感がある。どう使い分けられる？

【学ぶ】

【習う】

▶「習う」というのは、先生や師匠、コーチなどに直接教えを受けるときに使う。「学ぶ」は直接教えを受けるときだけでなく、本を通じて自主的に勉強したり、普段の生活から自然と身についたりする場合にも使える。

「過密」の反対は「過疎」？

「過密」とは、人がたくさん住んでいる状態のこと。じゃあ「過疎」は、人がほとんど住んでいない状態のこと？　だったら、大雪山の山の中や南鳥島も「過疎」地になってしまう。

【過密】

【過疎】

▶「過疎」とは、「以前は人が住んでいたのに、急に人口が少なくなった状態」のこと。もとから人が住んでいないのは、「過疎」とは呼ばないのだ。

「あける」と「ひらく」はどう違う？

「窓を開ける」と「窓を開く」は同じ動作を指している。でも、「缶詰を開ける」とは言っても、「缶詰を開く」とはあまり言わないのはなぜ？

【あける（開ける）】

「開ける」はふさいでいるものを取り除くこと

【ひらく（開く）】

「開く」は広げて中身が
見えるようにすること
バッ

▶「開く」は、たたまれたり閉じたりして中身が見えないものを広げて、中身が見えるようにすること。一方、「開ける」には「広げる」動作はなくて、缶詰やバッグ、蛇口など、ふさいでいるものを取り除いたり、どかしたりする。だから、「バッグを開く」というと、ふたやファスナーを開けるだけでなく、中身が見えるように大きく広げる印象を受ける。

「結ぶ」と「つなぐ」はどう違う？

「都心と郊外を鉄道で結ぶ」と「都心と郊外を鉄道でつなぐ」は似たような意味だ。はたして違いは何？

【結ぶ】

【つなぐ（繋ぐ）】

「つなぐ」は
ほどけにくく
固いよ
カッチリ

▶一つの違いとして、「つなぐ」のほうが「結ぶ」よりも、ほどけにくく固い。「この貨物列車は16両の貨車がつながっている」と「16両の貨車が結んである」を比べるとわかる。また、「つなぐ」は次から次へとプラスしていく意味も含まれている。「駅伝のランナーがたすきをつなぐ」というと、どんどんバトンタッチしていく様子が思い浮かぶ。「駅伝のランナーがたすきを結ぶ」では、まるで二人三脚で走るような印象だ。

「ちり」と「ほこり」はどう違う？

掃除をサボると、すぐにたまってしまうのが「ちり」や「ほこり」。同じようなものに思えるけれど、どこが違う？

【ちり（塵）】

「ちり」は目で見て
形がわかるもの

【ほこり（埃）】

▶目で見て形がわかるものが「ちり」。これに対して、形がわからないくらい小さく、しばしば空中を漂っているのが「ほこり」。ちなみに、数の小さい単位を漢字で「分、厘、毛、糸、忽、微、繊、沙、塵、埃……」と表すが、「塵」は10億分の1、「埃」は１００億分の１を意味する。

そーなんだコラム

「遺憾」「陳謝」「謝罪」はどう使い分ける？

謝るときに、「まことに遺憾に思います」「ひらに陳謝いたします」「心から謝罪します」などと言うけれど、どう使い分ければいいの？

▼政治家がよく使う「遺憾に思う」という言葉は、「憾《うら》みを遺《のこ》す」という意味で、「憾み」とは「残念な気持ち」「不満な心」といった意味。そこで、他人の行動に使うと非難になり、自分の行動に使うと謝罪の意味になりうる。

でも、もともとの字に謝罪が含まれないので、実際は「不本意」に近い。謝っているように見えて、実は謝っていないという「便利な」ことばだ。

陳謝は「謝りを申し述べる」、謝罪は「罪を謝る」という意味で、この二つは確かに謝る気持ちが含まれる。ただし、日常会話にないことばを使うのは、よそよそしい印象を受ける。「申し訳ありません」と言うほうが素直に聞こえる。

「視線」と「目線」はどう違う？

「視線《しせん》」も「目線《めせん》」も、目がどこを向いているか、その方向をいうことばに思えるけれど、どう使い分ける？

▼「目線」は比較的新しくできたことば。テレビやファッション写真などの業界で「こちらに目線をください」というような形で使われていたのが一般化した。

「目線」は、特定のものを見ていなくても使える。つまり、何を見ているかは重要でなく、目の向きが大切。カメラマンが「目線をもっと上に」と言うときは、何か上にあるものを見ろというのではない。目の向きを上にしろという意味。

「視線」というのは、見ている対象物があることを前提としている場合が多い。「○○さんの視線を感じる」という言い方も、その人が自分（という対象物）を見ていることが前提となっている。

第二章

日本人なのに
呼び名を知らない日本語

弁当に入っている魚型の醤油入れの名前は？

お弁当につきものなのが魚型をした小さな醤油入れ、あれって本当はなんていうの？

▶弁当関連の業界では、一般に「たれびん」と呼ばれている。醤油やソースを含めて、広い意味で「タレ」が入っている「瓶」というのが語源。

鍋料理を食べるときに使う取っ手のついた小鉢をなんと呼ぶ？

鍋料理のとき、お鍋の具を取り分ける、あの取っ手のついた小鉢の名前は何でしょう？

▶取っ手のついた小鉢の名前は「とんすい」。漢字では「呑水」と書くが、これは当て字で、中国語の「湯匙」（タンチー）に由来しているようだ。レンゲのすくう部分が大きくなって、そのまま食卓に置けるようにしたものがとんすいと考えられる。

たんすの引き戸で手をかけるところをなんという？

障子やたんすなどの引き戸には、扉を開けたり閉めたりするときに手をかける器具がついている。その正式名称はなんでしょう？

▶引き戸についている金具は「戸引手（とびきて）」といい、そこに指を入れて、左右に引き戸を動かす。手を入れる部分がくぼんでいる「チリ出し戸引手」や、輪っかの形で取り付けてある金具までさまざま。

神仏へのお供え物を盛る器の名前をなんていうの?

仏壇にお供えするお菓子や果物などをのせる足の長い皿は、いったいなんという?

▶漢字で「高杯」と書いて「たかつき」と読む。文字通り、「高い杯」「高い皿」という意味。古語では「き」が「杯」「皿」の意味。「さかずき(盃)」はもともと「酒の杯」という意味だった。

神社で見るギザギザした紙の名称は？

鳥居や手水場《ちょうずば》などで注連縄（しめなわ）に挿したり、相撲の横綱が土俵入するときの綱や鏡餅にもついている。さて、あれの名前は？

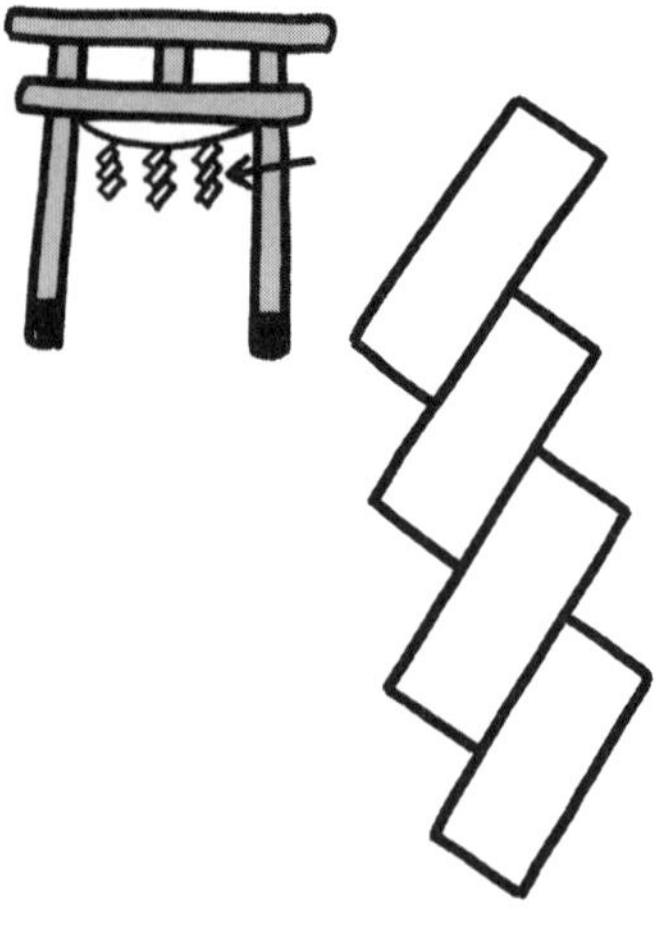

▶「紙垂」と書いて「しで」と読む。「垂」という字が使われていることからわかるように、「しだれる」からきたことば。ジグザグ状のデザインは雷を表していると言われる。注連縄に挿して神聖な場所やものを示したり、お祓いの道具に使われて清める意味がある。

「＋」「－」「÷」「×」などのマークを日本語で言えますか？

分数を書くときに「～分の」と言いながら、分母と分子の間に引く横線にも名前があるって知っていましたか？

▶＋は「正符号」、－は「負符号」、×は「乗算記号」、÷は「除算記号」、分数の真ん中に引く横線には「括線《かっせん》」という名前がある。上と下の数字を括《くく》るという意味。

「二の腕」というが、どこが「一の腕」？

ひじから肩までの部分は、「二の腕」と呼ばれている。じゃあ、手首からひじまでの部分は？

▶じつは、昔はひじから肩までを「一の腕」、手首からひじまでを「二の腕」と呼んでいたらしい。ところが、いつのまにか前者を「二の腕」を呼ぶようになった。解剖学用語では、腕をひじを境に２つに分け、上を「上腕」、下を「前腕」と呼ぶ。

「内回り」と「外回り」は、どっちがどっち？

東京の山手線や大阪の大阪環状線、あるいは環状道路でよく耳にする「内回り」と「外回り」。どっちが内回りでどっちが外回り？

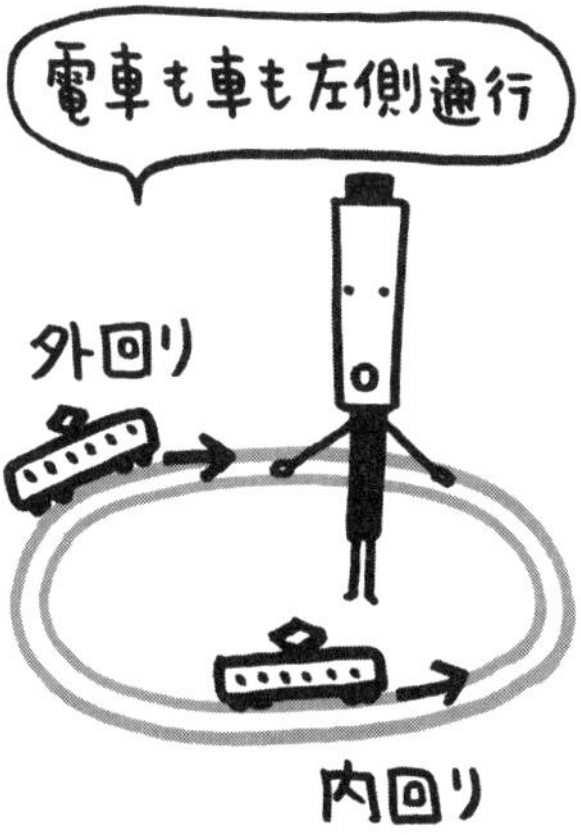
電車も車も左側通行
外回り
内回り

▶２本の線路（道路）が輪を描いていれば、一方が内側で、もう一方が外側になる。日本では鉄道も道路も左側通行なので、時計回りのほうが外側を回るので「外回り」、反時計回りは「内回り」になる。

「右回り」と「左回り」は、どっちがどっち？

時計の針は「右回り」、トラックを一周する陸上競技は「左回り」。なぜ右回り、左回りというの？

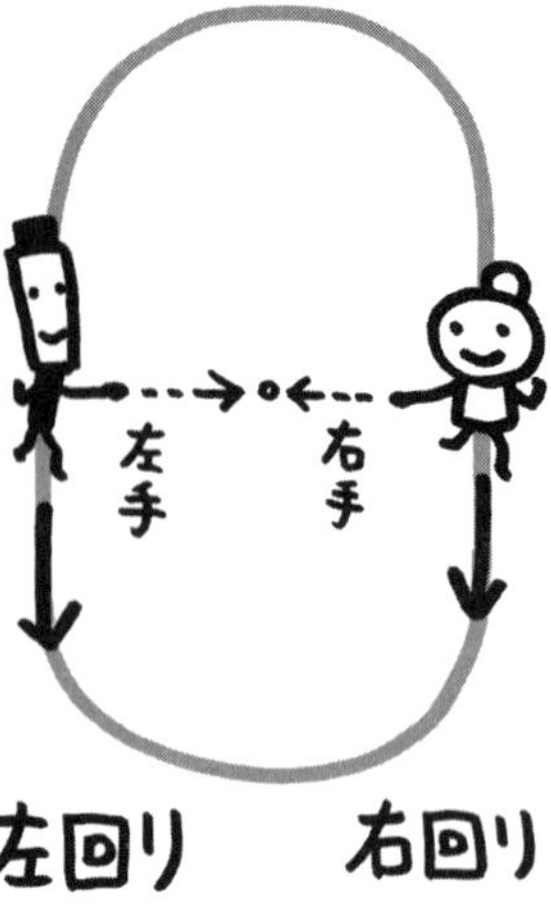

▶進行方向に顔（体）を向けたときに、どちら側がいつも中心に向かっているかを考えるといい。時計の針を人間にたとえると、つねに進行方向の右手に中心があるから「右回り」。陸上競技は、つねに左側に中心があるから「左回り」。

川の「左岸」と「右岸」って、どっちがどっち?

観光ガイドブックには、「〇〇川左岸地区では～」と書いてある。でも、地図を見たら「左岸」地区は川の右側（東側）にあった。「左岸」と「右岸」って何を基準にしているの?

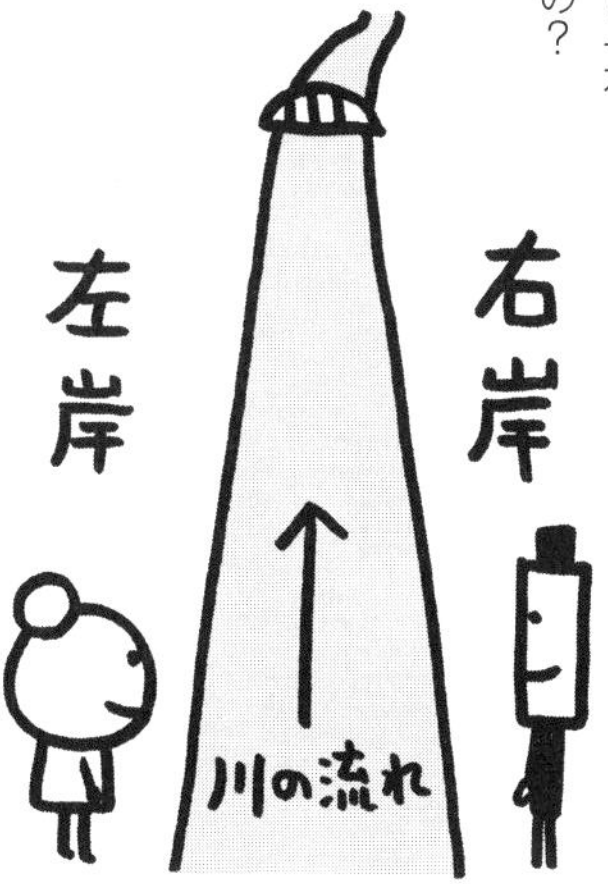

▶川の流れを基準にしている。上流から下流を見たときに、左側にあるのが「左岸」、右側にあるのが「右岸」。だから、東西南北の方角とは関係がない。

そーなんだコラム

「またいとこ」って、「いとこ」のそのまた「いとこ」のこと？

正月に初めて子どもを連れて帰省した田島さん。久しぶりにたくさんの親戚に会ったのだが、そこで疑問が湧いてきた。

「うちの子から見て、私のおじさんは何にあたる？　反対に、おじさんから見て、私の子どもは何？」「そもそも、いとこの子どもは何と呼ぶの？」

▼田島さんの「おじ・おば」は、もちろん親の兄弟姉妹のこと。だから、田島さんの子どもから見れば、祖父母の兄弟姉妹になる。それは「大おじ・大おば」。

逆に、田島さんはおじさんの「おい・めい」にあたり、その子どもはおじさんから見れば、「またおい・まためい」または「大おい・大めい」（漢語では姪孫《てっそん》と呼ぶ）。

やや遠い親戚は、「いとこ」を基準に考えるといい。「いとこの子」は「いとこおい・いとこめい」または「いとこ違い」、「いとこの孫」は「いとこ大おい・いとこ大めい」。

親がいとこ同士の関係（つまり祖父母が兄弟姉妹）の相手は、「はとこ」または「またいとこ」と呼ぶ。そして親のいとこ（つまり「はとこ」の親）は、「いとこおじ・いとこおば」または「いとこ違い」。「いとこ違い」は、「いとこの子」にも使うので紛らわしい。

「またいとこ」は、けっして「いとこ」のそのまた「いとこ」ではない。あなたの「いとこのいとこ」は、やっぱり「いとこ」かあなた自身なのだ。さもなくば、血縁関係のない他人（実の「おじ・おば」の配偶者の「おい・めい」の場合）である。

第三章

語源を知って納得！
言い回しが気になる日本語

「うら寂しい」の「うら」って何？

「うら寂しい」「うら悲しい」というと、単に「寂しい」「悲しい」というよりも違う味わいを感じる。また、「はっきりとはわからないけれども、なんとなく」というニュアンスが込められる。そもそも、この「うら」って何？

▼結論からいうと、この「うら」は「心」のこと。そして、「表と裏」の「うら」でもある。

時代劇で将軍や殿様の「苦しゅうない、おもてを上げい！」というせりふを聞いたことがあるだろう。あの「おもて」は、漢字を当てると「面」であり、「顔」を示すことばであることはご存じのとおり。

つまり古語では、外から見える部分を「おもて（表＝面）」と言った。それに対して、外から見えずに隠れている部分が「うら（裏）」であり、人間にたとえれば「心」だった。だから、「うら寂しい」というのは、「心の中が寂しい」という意味と考えるとよい。

OMOTE
URA

「黒山の人だかり」って何人くらい？なぜ「黒」？

バーゲン会場、催し物の見物人など、ニュースでよく使われるのが「黒山の人だかり」ということば。だいたい何人くらいなのか。「黒」なのはなぜか？　そして、「人だかり」とは？

▼「人出」「群衆」が何千人、何万人という単位なのに比べて、「人だかり」は数十人からせいぜい百人程度を指す場合が多い。「だかり（たかり）」は、「虫がたかる」というときに使う「たかる」という動詞からできた名詞で、「群がり」というような意味。

「黒山」というのは、黒い髪の人が大勢集まって、遠目には黒い山のように見えることからきている。日本人に赤毛の人が多かったら、「赤山」になっていたかも。

白髪の人
だったら
白山に
なってた？

「茶色」はなぜお茶の色ではない？

「お茶は緑色なのに、なぜ濃い土色のことを茶色というんですか？」

外国人だけでなく、日本人の学生からもよく寄せられる質問である。しかし、けっして茶色で間違いではない。

▼古来、日本の庶民が親しんできたのは番茶（晩茶）やほうじ茶。こうしたお茶は、いれるとまさに茶色であり、これが茶色の語源になった。

いれると緑色になる煎茶や玉露は、枝の先にある若い葉を摘んでつくった貴重品。だから、もともとは殿様や金持ちしか飲めなかった。それが、現代では誰でも飲めるようになり、お茶といえば緑色が当たり前になってしまったのだ。

緑色の信号なのになぜ〝青〟信号？

外国人は、「緑色の信号を青信号と呼ぶのはおかしい」とよく言う。青というのは、空や海の色であって、信号は木の葉の緑色だというわけである。

▼昔の日本人にとって、「青」というのは寒色系の淡い色全体を指すことばで、灰色から水色、緑色、紫色まで広い範囲を指していた。だから、灰色の体色なのに「アオサギ（青鷺）」という鳥がいるし、若葉を「青々とした」「青葉」と表現する。今と比べて社会がシンプルだったので、それで十分に通用したのである。

そうしたことばの伝統や名残があるため、今でも緑から紫にかけての色を日本人は「青」と総称しているのだ。

「真っ赤なウソ」ってどんな嘘？

よく「合コンで知り合った男性が、自分は大金持ちの実業家だと自慢していたけれど、それは真っ赤なウソだった」などという言い方をするけれど、「嘘」が「赤い」とはどういうこと？

▼「赤い（あかい）」は「明るい（あかるい）」に由来しており、「黒い（くろい）」が「暗い（くらい）」に由来しているのと対比することができる。

つまり、「赤い」ということばの中に、「明るい」や「明らか」という意味が含まれている。「真っ赤なウソ」というのは、「明らかなウソ」「疑いようのない、まったくのウソ」ということを意味している。

「くもりがち」は言うのに、なぜ「晴れがち」は言わないの？

「今週はくもりがちの天気が続くでしょう」というと、「今週はくもりの日が多いんだ」とわかる。同じように「雨がちの天気」とも言うけれど、「晴れがち」とは言わない。なぜ？

▼「～がち」ということばは、マイナスのイメージを持つものにつく。だから、「くもりがち」「雨がち」のほかに、「病気がち」「給料が遅れがち」などの用法がある。「晴れがち」「元気がち」とは言わない。

もともとは「勝ち」に由来していて、「くもりがち」といえば「晴れよりもくもりが勝っている」、「病気がち」といえば「元気であるよりも病気のほうが勝っている」という意味が含まれている。

「勝てば官軍」の本当の意味は?

「〜ば」というと仮定の意味を表すことばだから、「勝てば官軍」は「もし、勝ったなら官軍になれる」という意味だと思っている人が多い。でも、本当の意味は違う。

▼「勝てば官軍、負ければ賊軍」ともいう。この「〜ば」は現代語で使う仮定の意味ではなく、学校の古典文法で習った確定条件の「〜ば」というやつである。現代語では「〜から」「〜ので」と訳して考えるとわかりやすい。

だから、「勝ったから官軍、負けたから賊軍になった」、つまり「勝ったほうが正義とされて、負けたほうは不正義とされる」という世の定めをいうわけだ。

確定の「〜ば」は、「住めば都」「仰げば尊し」などの古い言い回しに残っている。

勝ったら
官軍？

「明日は雨模様です」の「雨模様」ってどんな模様？

天気予報で、「関東地方は雨模様です」ということばを聞いたことがあるだろう。雨模様とは、いったいどんな模様なのか？

▼もともとは、「雨もよい（あめもよい／あまもよい）」から変化した。古語の「もよひ」は用意・準備するという意味のため、「雨になる準備がされている」、つまり「雨が降りそう」な様子を「雨もよい」と言うようになったと考えられる。

最近では「雨が降っている様子」にも使われるようになり、意味があいまいになってしまったため、天気予報では使用されなくなった。

「仰げば尊し」の歌にある「今こそわかれめ」ってどういう意味？

卒業式でよく歌われた「仰げば尊し」の一番の終わりに、「今こそわかれめ、いざさらば」という一節がある。あの「わかれめ」を「分かれ目」だと思っている人が多いが……。

▼「今こそ」の「こそ」がポイント。「こそ」が文中に出てくると、文末が已然《いぜん》形になるという「係り結び」の法則を覚えているだろうか。

文末の「め」は、終止形では「む」。「ん」と発音されるようになって、現代でも「いざ、行かん」というように使われる。意志を示す助動詞で、「む」が係り結びの法則によって已然形の「め」になった。

だから、「今こそ別れようじゃないか」というのが本当の意味。

「大みそか」はあるが、「小みそか」は？

十二月三十一日のことを「大みそか（大晦日）」というけれど、「大みそか」があるなら「小みそか」もあるの？

▼「みそか」とは「三十日」のこと。「三十路」と書いて「みそじ」、五七五七七の三十一文字で構成される和歌のことを「みそひともじ」と呼ぶのと同じ。

旧暦では一か月が三十日だから、「月末＝三十日＝みそか」。なかでも、一年の最後となる月の「みそか」が「大みそか」だったわけ。現在の暦では年末は十二月三十一日だから「みそひとひ」のはずだが、昔からのならわしで「（大）みそか」と呼んでいる。「小みそか」は「大みそか」の前日。旧暦では十二月二十九日をこう呼んだ。現在は十二月三十日を「小みそか」と呼ぶことがある。

「水無月」は梅雨どきなのに、なぜ「水が無い月」なの？

水無月（みなづき）は旧暦五月のこと。現在の暦では六月にあたるのだから、梅雨の真っ最中のはず。それなのに、なぜ「水の無い月」と書くの？

▼「水無月」と現在では書いているが、もともと「無」は「無い」ではなかった。この「な」は、「水面（みなも）」や「黄な粉（きなこ）」の「な」と同じ。それぞれ「水の表面」「黄色の粉」という意味で、「な」は現代語の「の」にあたる。

つまり、「水な月」は「水の月」という意味で、まさに梅雨の時期を指しているわけだ。

「神無月」は神様がいなくなる月？

旧暦十月をいう神無月（かんなづき／かみなづき）は、神様が出雲大社に全員集合するから、出雲では「神有月」（かみありつき）、その他では「神無月」というらしい。これ本当？

▼「かんな月」の語源はよくわかっていないが、有力な説の一つに「神な月」だというものがある。「水な月」と同じように、「神の月」という意味である。

それが、「水な月」が「水無月」と誤解されるようになったのと同様に、「神な月」が「神無月」と考えられるようになった。そして、神様が出雲に集合するために「神無月」と呼ばれるのだという俗説が全国に広まったと考えられる。

水無月
＝
水の月
神無月
＝
神の月

そーなんだコラム

機関車が客車を「引く」？　それとも「牽く」？

機関車が客車を「ひく」というときに、「引く」という漢字を使うときもあるし、「牽く」と書くときもある。どちらが正しい？

▼どちらも正しい。そもそも訓読みというのは、日本古来のことば（大和言葉）に、大陸から伝わった漢字を当てたもの。「ひっぱる」という意味の「ひく」に該当する漢字が、「引」「牽」「曳」など複数あった。

大和言葉の「ひく」は、もともと「ある一点から、特定の方向に直線で進む」様子や動きを表す動詞。だから、「線を引く」「客車を牽く」「山車を曳く」は、別の漢字を当てているけれども語源は同じというわけ。

さらにいえば、車がまっすぐ通り過ぎると「動物をひく（轢く）」、相手の心をまっすぐに引き寄せようとするのは「気をひく（惹く）」、相手が強すぎてまっすぐに逃げるときは「陣地までひく（退く）」となる。どれも語源は同じだ。

気温は「計る」もの？　それとも「測る」もの？

気温を「はかる」ときに、「計る」と書くべきか、「測る」と書くべきか。どちらが正しいの？

▼どちらでも間違いではない。「はかる」というのは、もともと「一定の基準によって、ものごとを度合いを調べる」という意味。そこに、漢字の「計」「測」「量」を当てて訓読みをしているわけだ。

さらに「はかる」の意味はそれにとどまらず、「よく考えて見当をつける」「じっくりと考えて決定する」と広がっている。その意味で、「図」「諮」「謀」などの漢字が当てられるようになった。これも語源は同じである。

動詞に限っていうと、このように大和言葉のほうが漢語よりも、一つのことばでより広い意味を持つ場合が多い。

第四章

日本人は無意識に使っている!?外国人が間違えやすい日本語

身につけるときは「かぶる」「着る」「はく」なのに、とるときは「脱ぐ」だけ？

日本語を習いたての外国人がよくやる間違いの一つに、「スカートを着ます」「ヘルメットを着ます」というのがある。じつは身につけるものは、体の場所によって動詞が変わってくるのが日本語の特徴だ。

▼日本語の場合、身につけるものは、原則的に体の場所によって動詞が変わってくる。

・首から上……かぶる　帽子、ヘルメット、お面、冠
・首から腰……着る　スーツ、シャツ、ワンピース、和服
・腰から下……はく　ズボン、スカート、靴下、靴

ところが興味深いことに、身からはずすときは、どれも「脱ぐ」という同じ動詞を使う。

かぶる
着る
はく

手袋は「はく」？「はめる」？「着る」？

身につけるものは、体の場所によって「かぶる」「着る」「はく」を使い分けるのだが、例外もある。あなたは手袋をつけるときに、なんという？

▼現在では「手袋をする」が多数派だが、かつては手袋は「はく」ものだった。今でも年配の人や方言では「手袋をはく」と言う人がいる。靴下と同じような感覚で、「下（末端）から身につける」というためにこう言ったのだろう。

そのほかの例外としては、「ネクタイを（する、しめる⇕はずす）」「腹巻を（する、巻く⇕ぬぐ）」などがある。その他、スカーフ、腕時計、ブレスレットなど、どういう言い方をしているか、さまざまな地方出身の知人・友人と比べてみるとおもしろい結果が出るはずだ。

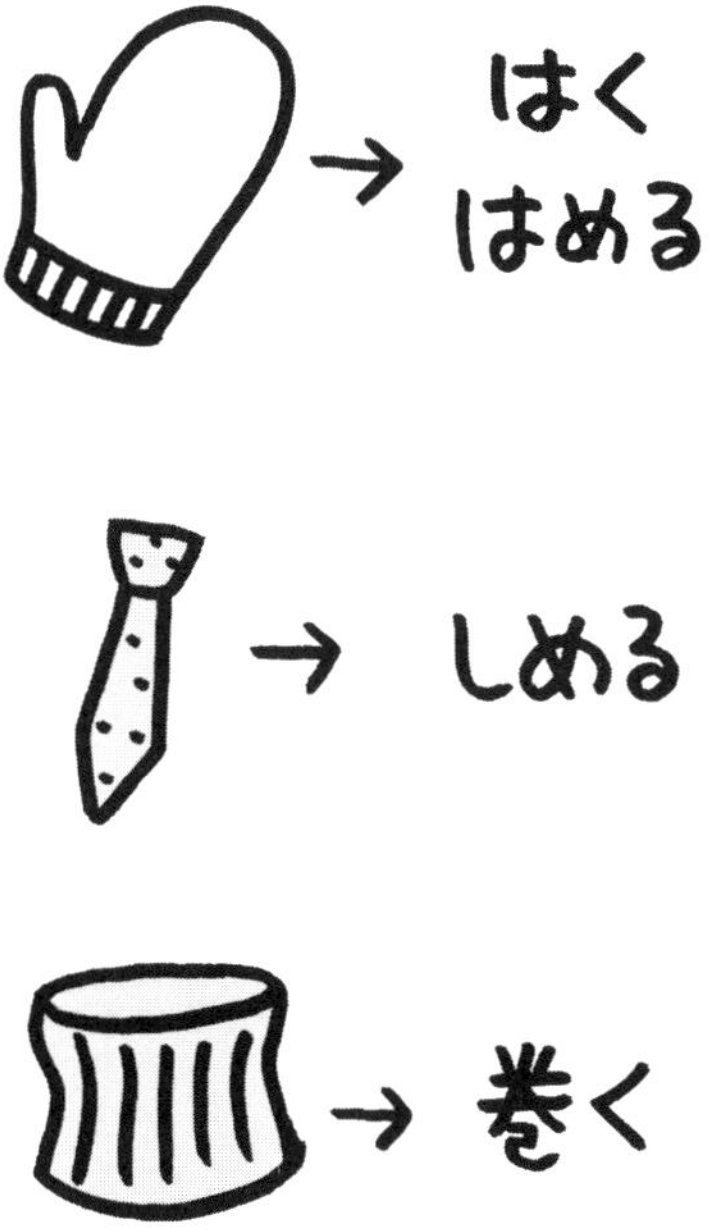
はく
はめる
しめる
巻く

「苦しい仕事」ってどんな仕事？

飲食店でアルバイトをしながら勉強をしている台湾からきた洪さん。「夜遅くまでの仕事は、とても苦しいです」と言うのだが、苦しい仕事って肉体労働に変わった？　それとも、どこか病気かも？

▼「苦しい」と「つらい」は似ているけれども、日本人は微妙に使い分けている。「苦しい」はおもに肉体的な苦痛、「つらい」はおもに精神的な苦痛を示す場合が多い。

だから、「ベルトがきつくて苦しい」「恋人に会えなくてつらい」というのが一般的。「恋人に会えなくて苦しい」というと、精神的だけでなく、本当に胸が苦しそうに聞こえる。

苦しくて
つらい仕事

「ぬるいお風呂」は気持ちいい？

アメリカ人のお風呂好き学生リチャードさんが、授業の前にうれしそうに言った。

「朝起きてから、ぬるいお風呂に入ってきたので、きょうは気分がすっきりしています」

「ぬるいお風呂で気分がすっきり」のどこが変に感じるのかわかりますか？

▼「ぬるいお茶」「ぬるま湯」というように、「ぬるい」ということばにはマイナスのイメージがあるので、あまり気持ちよさは感じられない。「温かい」ならばいい。ただし、「ぬるめのお風呂」ならば、マイナスイメージが消えるのでOK。

先生に「かわいそうに!」

日本語学校で代講に出たとき、「今朝、○○先生は道で転んで骨折したのでお休みです」と言ったら、若い外国人の学生は間髪を入れずに「それは、かわいそうに」。気持ちはわかるけれど、少し不自然。

▼他人の不幸に同情したときに使う「かわいそうに!」「(お)気の毒に!」ということば。

「かわいそうに」は目下の人に使うのが一般的。そのほか、遠く離れた自分とは無関係な人に使うこともある。台風で被害を受けたというニュースを聞いて、「かわいそうに!」と言うのは不自然ではない。

目上の人に対しては「お気の毒に」を使うのが普通。また、知らない人に対しても、感情移入が強いときには「気の毒にねえ」と言う。

ノートの上にボールペンを重ねられる?

「先生、誰かのボールペンが落ちていたので、ノートの上に重ねておきました!」元気な声で言ったのは、スペインから来たマリアさん。ボールペンをノートの上に「重ねる」とは言わないことをどう説明すればいい?

▼「重ねる」というときは、下に置いてあるものと上に乗せるものが同じ場合、あるいは似たもの、同じくらいの大きさのものの場合に使うのが一般的。だから、「大きな皿の上に小皿を重ねる」はいいけれども、「大きな皿の上にスプーンを重ねる」は変。「置く」または「乗せる」を使う。

ボールペンを
重ねる

「さようなら」はどんなときに言う？

日本人のガールフレンドができた留学生。デートのあと、彼女に「さようなら」と言ったものだから大騒動になったという。言われた女の子はかなりショックを受けたらしい。

▼「さようなら」は、もともと「それならば」という意味。時代劇風に言えば、「左様ならば、おいとまいたそう」というわけだ。「さらば」も同じ意味。そう考えれば、今どきの「それじゃ」「じゃあね」という言い方は、ことばは違っていても同じ意味のままで受け継がれていることがわかる。確かに、現代の日常会話で「さようなら」と言うのは大げさといえるだろう。とくに恋仲の男女で使うと、別離の意味で受け取られてしまう。ただ、学校から帰るときのあいさつには日常的に使われる。その影響か、子どもはふだんから「さようなら」をよく使うが、大きくなるにつれて使わなくなってくる。

「すみません」は謝罪のことば？それとも感謝のことば？

人ごみでぶつかっても「すみません」、エレベーターで扉を閉めずに待ってもらっても「すみません」――日本人は「すみません」をよく使うけれど、謝罪のことばなの？　感謝のことばなの？

▼「すみません」というのは、「それでは私の気持ちが済みません」と言うときの「済まない」に由来しているというのが定説。相手に「余計なことをさせてしまった」と感じたときに使われる。だから、同じ「余計なこと」でも、「相手に手間をとらせた」場合には感謝のことばとなり、「相手に迷惑をかけた」場合には謝罪のことばとなる。感謝のことばとして「すみません」は軽すぎると言う人もいる。でも、「ありがとうございます」では大げさなケースも多い。かといって「ありがとう」だけでは偉そうに聞こえてしまう。そう考えると、「すみません」が使いやすいわけだ。

「ホットウォーター」は「お湯」ではない？

ニュースを見た外国人が驚いたように言った。「日本近海では何千メートルもの海底から湯が出ているんですね！」。海底から噴き出る高温の水は専門用語で「熱水」と言うが、英語では「湯」も「熱水」もホットウォーターだから。どうやって違いを説明すればいい？

▼「湯」というと、飲んだり料理に使ったり、あるいは風呂に使ったりと、日常生活で使用する身近な「高温の水」を指すのが一般的。地下水が熱せられたものや、工業プラントで使われるもののように、日常生活に直接関わらない「高温の水」は「熱水」と言うのが適当。

ちなみに、現代中国語では「湯」はスープの意味になった。高温の水は「開水」または「熱水」と言う。

ネッスイ
No!

参考文献

『基礎日本語』1〜3　森田良行　角川書店
『日本語誤用・慣用小辞典』国広哲弥　講談社現代新書
『語源をつきとめる』堀井令以知　講談社現代新書
『日本語　表と裏』森本哲郎　新潮社
『日本語はいかにつくられたか？』小池清治　筑摩書房
『わかる日本語の教え方』今井幹夫　千駄ケ谷日本語教育研究所
『古語大事典』中田祝夫（編監修）　小学館
『使い方の分かる類語例解辞典』小学館辞典編集部
『琉球語辞典』半田一郎　大学書林
『大辞林』松村明（監修）　三省堂

青春文庫

「かど」と「すみ」の違《ちが》いを言《い》えますか？

日本人《にほんじん》なのに意外《いがい》と知《し》らない日本語《にほんご》早《はや》わかり帳《ちょう》

2014年2月20日　第1刷
2015年6月10日　第3刷

編　者　日本語研究会《にほんごけんきゅうかい》

発行者　小澤源太郎

責任編集　株式会社プライム涌光

発行所　株式会社青春出版社

〒162-0056　東京都新宿区若松町 12-1
電話 03-3203-2850（編集部）
03-3207-1916（営業部）
振替番号　00190-7-98602

印刷／大日本印刷
製本／ナショナル製本

ISBN 978-4-413-09590-7

知らなきゃ損する！「NISA」㊢入門

話題の少額投資非課税制度、そのポイントとは？　押さえておきたい情報だけをこの1冊に。

藤川　太［監修］

(SE-585)

この一冊で「伝える力」と「学ぶ力」が面白いほど身につく！

人の気持ちを「グッ」と引きつけるワザがぎっしり!!

知的生活追跡班［編］

(SE-586)

「その関係」はあなたが思うほど悪くない

人づきあいがラクになる「禅」の教え

「人」から離れるのは難しい。でも「悩み」から離れることはできる。

枡野俊明

(SE-587)

データの裏が見えてくる「分析力」超入門

こういう「モノの見方」があったなんて！仕事で差がつく！ 世の中の仕組みがわかる！ビッグデータ時代の最強ツール！

おもしろ経済学会［編］

(SE-588)